Name:
_____

State/City:
_____

Phone:
_____

E-mail:
_____

Accounting Ledger Book

I0397400

Accounting Ledger

Sheet number: _____

	Date	Account	Memo	Debit	Credit	Balance
1						
2						
3						
4						
5						
6						
7						
8						
9						
10						
11						
12						
13						
14						
15						
16						
17						
18						
19						
20						
21						
22						

Accounting Ledger

Sheet number: _____

	Date	Account	Memo	Debit	Credit	Balance
1						
2						
3						
4						
5						
6						
7						
8						
9						
10						
11						
12						
13						
14						
15						
16						
17						
18						
19						
20						
21						
22						

Accounting Ledger

Sheet number: _____

	Date	Account	Memo	Debit	Credit	Balance
1						
2						
3						
4						
5						
6						
7						
8						
9						
10						
11						
12						
13						
14						
15						
16						
17						
18						
19						
20						
21						
22						

Accounting Ledger

Sheet number: _____

	Date	Account	Memo	Debit	Credit	Balance
1						
2						
3						
4						
5						
6						
7						
8						
9						
10						
11						
12						
13						
14						
15						
16						
17						
18						
19						
20						
21						
22						

Accounting Ledger　　　　　　　　　　　　　　　　　　　　**Sheet number:** _____

	Date	Account	Memo	Debit	Credit	Balance
1						
2						
3						
4						
5						
6						
7						
8						
9						
10						
11						
12						
13						
14						
15						
16						
17						
18						
19						
20						
21						
22						

Accounting Ledger

Sheet number: _____

	Date	Account	Memo	Debit	Credit	Balance
1						
2						
3						
4						
5						
6						
7						
8						
9						
10						
11						
12						
13						
14						
15						
16						
17						
18						
19						
20						
21						
22						

Accounting Ledger

Sheet number: _____

	Date	Account	Memo	Debit	Credit	Balance
1						
2						
3						
4						
5						
6						
7						
8						
9						
10						
11						
12						
13						
14						
15						
16						
17						
18						
19						
20						
21						
22						

Accounting Ledger

Sheet number: _____

	Date	Account	Memo	Debit	Credit	Balance
1						
2						
3						
4						
5						
6						
7						
8						
9						
10						
11						
12						
13						
14						
15						
16						
17						
18						
19						
20						
21						
22						

Accounting Ledger Sheet number: _____

	Date	Account	Memo	Debit	Credit	Balance
1						
2						
3						
4						
5						
6						
7						
8						
9						
10						
11						
12						
13						
14						
15						
16						
17						
18						
19						
20						
21						
22						

Accounting Ledger

Sheet number: _____

	Date	Account	Memo	Debit	Credit	Balance
1						
2						
3						
4						
5						
6						
7						
8						
9						
10						
11						
12						
13						
14						
15						
16						
17						
18						
19						
20						
21						
22						

Accounting Ledger　　　　　　　　　　　　　　　　　　　　　　**Sheet number:** _____

	Date	Account	Memo	Debit	Credit	Balance
1						
2						
3						
4						
5						
6						
7						
8						
9						
10						
11						
12						
13						
14						
15						
16						
17						
18						
19						
20						
21						
22						

Accounting Ledger

Sheet number: _____

	Date	Account	Memo	Debit	Credit	Balance
1						
2						
3						
4						
5						
6						
7						
8						
9						
10						
11						
12						
13						
14						
15						
16						
17						
18						
19						
20						
21						
22						

Accounting Ledger Sheet number: _____

	Date	Account	Memo	Debit	Credit	Balance
1						
2						
3						
4						
5						
6						
7						
8						
9						
10						
11						
12						
13						
14						
15						
16						
17						
18						
19						
20						
21						
22						

Accounting Ledger

Sheet number: _____

	Date	Account	Memo	Debit	Credit	Balance
1						
2						
3						
4						
5						
6						
7						
8						
9						
10						
11						
12						
13						
14						
15						
16						
17						
18						
19						
20						
21						
22						

Accounting Ledger   **Sheet number:** _____

	Date	Account	Memo	Debit	Credit	Balance
1						
2						
3						
4						
5						
6						
7						
8						
9						
10						
11						
12						
13						
14						
15						
16						
17						
18						
19						
20						
21						
22						

Accounting Ledger Sheet number: _____

	Date	Account	Memo	Debit	Credit	Balance
1						
2						
3						
4						
5						
6						
7						
8						
9						
10						
11						
12						
13						
14						
15						
16						
17						
18						
19						
20						
21						
22						

Accounting Ledger   Sheet number: _____

	Date	Account	Memo	Debit	Credit	Balance
1						
2						
3						
4						
5						
6						
7						
8						
9						
10						
11						
12						
13						
14						
15						
16						
17						
18						
19						
20						
21						
22						

Accounting Ledger Sheet number: _____

	Date	Account	Memo	Debit	Credit	Balance
1						
2						
3						
4						
5						
6						
7						
8						
9						
10						
11						
12						
13						
14						
15						
16						
17						
18						
19						
20						
21						
22						

Accounting Ledger

Sheet number: _____

	Date	Account	Memo	Debit	Credit	Balance
1						
2						
3						
4						
5						
6						
7						
8						
9						
10						
11						
12						
13						
14						
15						
16						
17						
18						
19						
20						
21						
22						

Accounting Ledger Sheet number: _____

	Date	Account	Memo	Debit	Credit	Balance
1						
2						
3						
4						
5						
6						
7						
8						
9						
10						
11						
12						
13						
14						
15						
16						
17						
18						
19						
20						
21						
22						

Accounting Ledger

Sheet number: _____

	Date	Account	Memo	Debit	Credit	Balance
1						
2						
3						
4						
5						
6						
7						
8						
9						
10						
11						
12						
13						
14						
15						
16						
17						
18						
19						
20						
21						
22						

Accounting Ledger   **Sheet number:** _____

	Date	Account	Memo	Debit	Credit	Balance
1						
2						
3						
4						
5						
6						
7						
8						
9						
10						
11						
12						
13						
14						
15						
16						
17						
18						
19						
20						
21						
22						

Accounting Ledger

Sheet number: _____

	Date	Account	Memo	Debit	Credit	Balance
1						
2						
3						
4						
5						
6						
7						
8						
9						
10						
11						
12						
13						
14						
15						
16						
17						
18						
19						
20						
21						
22						

Accounting Ledger

Sheet number: _____

	Date	Account	Memo	Debit	Credit	Balance
1						
2						
3						
4						
5						
6						
7						
8						
9						
10						
11						
12						
13						
14						
15						
16						
17						
18						
19						
20						
21						
22						

Accounting Ledger   **Sheet number:** _____

	Date	Account	Memo	Debit	Credit	Balance
1						
2						
3						
4						
5						
6						
7						
8						
9						
10						
11						
12						
13						
14						
15						
16						
17						
18						
19						
20						
21						
22						

Accounting Ledger Sheet number: _____

	Date	Account	Memo	Debit	Credit	Balance
1						
2						
3						
4						
5						
6						
7						
8						
9						
10						
11						
12						
13						
14						
15						
16						
17						
18						
19						
20						
21						
22						

Accounting Ledger Sheet number: _____

	Date	Account	Memo	Debit	Credit	Balance
1						
2						
3						
4						
5						
6						
7						
8						
9						
10						
11						
12						
13						
14						
15						
16						
17						
18						
19						
20						
21						
22						

Accounting Ledger

Sheet number: _____

	Date	Account	Memo	Debit	Credit	Balance
1						
2						
3						
4						
5						
6						
7						
8						
9						
10						
11						
12						
13						
14						
15						
16						
17						
18						
19						
20						
21						
22						

Accounting Ledger

Sheet number: _____

	Date	Account	Memo	Debit	Credit	Balance
1						
2						
3						
4						
5						
6						
7						
8						
9						
10						
11						
12						
13						
14						
15						
16						
17						
18						
19						
20						
21						
22						

Accounting Ledger

Sheet number: _____

	Date	Account	Memo	Debit	Credit	Balance
1						
2						
3						
4						
5						
6						
7						
8						
9						
10						
11						
12						
13						
14						
15						
16						
17						
18						
19						
20						
21						
22						

Accounting Ledger Sheet number: _____

	Date	Account	Memo	Debit	Credit	Balance
1						
2						
3						
4						
5						
6						
7						
8						
9						
10						
11						
12						
13						
14						
15						
16						
17						
18						
19						
20						
21						
22						

Accounting Ledger   **Sheet number:** _____

	Date	Account	Memo	Debit	Credit	Balance
1						
2						
3						
4						
5						
6						
7						
8						
9						
10						
11						
12						
13						
14						
15						
16						
17						
18						
19						
20						
21						
22						

Accounting Ledger Sheet number: _____

	Date	Account	Memo	Debit	Credit	Balance
1						
2						
3						
4						
5						
6						
7						
8						
9						
10						
11						
12						
13						
14						
15						
16						
17						
18						
19						
20						
21						
22						

Accounting Ledger Sheet number: _____

	Date	Account	Memo	Debit	Credit	Balance
1						
2						
3						
4						
5						
6						
7						
8						
9						
10						
11						
12						
13						
14						
15						
16						
17						
18						
19						
20						
21						
22						

Accounting Ledger Sheet number: _____

	Date	Account	Memo	Debit	Credit	Balance
1						
2						
3						
4						
5						
6						
7						
8						
9						
10						
11						
12						
13						
14						
15						
16						
17						
18						
19						
20						
21						
22						

Accounting Ledger

Sheet number: _____

	Date	Account	Memo	Debit	Credit	Balance
1						
2						
3						
4						
5						
6						
7						
8						
9						
10						
11						
12						
13						
14						
15						
16						
17						
18						
19						
20						
21						
22						

Accounting Ledger   Sheet number: _____

#	Date	Account	Memo	Debit	Credit	Balance
1						
2						
3						
4						
5						
6						
7						
8						
9						
10						
11						
12						
13						
14						
15						
16						
17						
18						
19						
20						
21						
22						

Accounting Ledger

Sheet number: _____

	Date	Account	Memo	Debit	Credit	Balance
1						
2						
3						
4						
5						
6						
7						
8						
9						
10						
11						
12						
13						
14						
15						
16						
17						
18						
19						
20						
21						
22						

Accounting Ledger Sheet number: _____

	Date	Account	Memo	Debit	Credit	Balance
1						
2						
3						
4						
5						
6						
7						
8						
9						
10						
11						
12						
13						
14						
15						
16						
17						
18						
19						
20						
21						
22						

Accounting Ledger

Sheet number: _____

	Date	Account	Memo	Debit	Credit	Balance
1						
2						
3						
4						
5						
6						
7						
8						
9						
10						
11						
12						
13						
14						
15						
16						
17						
18						
19						
20						
21						
22						

Accounting Ledger

Sheet number: _____

	Date	Account	Memo	Debit	Credit	Balance
1						
2						
3						
4						
5						
6						
7						
8						
9						
10						
11						
12						
13						
14						
15						
16						
17						
18						
19						
20						
21						
22						

Accounting Ledger

Sheet number: _____

	Date	Account	Memo	Debit	Credit	Balance
1						
2						
3						
4						
5						
6						
7						
8						
9						
10						
11						
12						
13						
14						
15						
16						
17						
18						
19						
20						
21						
22						

Accounting Ledger

Sheet number: _____

	Date	Account	Memo	Debit	Credit	Balance
1						
2						
3						
4						
5						
6						
7						
8						
9						
10						
11						
12						
13						
14						
15						
16						
17						
18						
19						
20						
21						
22						

Accounting Ledger

Sheet number: _____

	Date	Account	Memo	Debit	Credit	Balance
1						
2						
3						
4						
5						
6						
7						
8						
9						
10						
11						
12						
13						
14						
15						
16						
17						
18						
19						
20						
21						
22						

Accounting Ledger　　　　　　　　　　　　　　　　　　　Sheet number: _____

	Date	Account	Memo	Debit	Credit	Balance
1						
2						
3						
4						
5						
6						
7						
8						
9						
10						
11						
12						
13						
14						
15						
16						
17						
18						
19						
20						
21						
22						

Accounting Ledger

Sheet number: _____

	Date	Account	Memo	Debit	Credit	Balance
1						
2						
3						
4						
5						
6						
7						
8						
9						
10						
11						
12						
13						
14						
15						
16						
17						
18						
19						
20						
21						
22						

Accounting Ledger Sheet number: _____

	Date	Account	Memo	Debit	Credit	Balance
1						
2						
3						
4						
5						
6						
7						
8						
9						
10						
11						
12						
13						
14						
15						
16						
17						
18						
19						
20						
21						
22						

Accounting Ledger

Sheet number: _____

	Date	Account	Memo	Debit	Credit	Balance
1						
2						
3						
4						
5						
6						
7						
8						
9						
10						
11						
12						
13						
14						
15						
16						
17						
18						
19						
20						
21						
22						

Accounting Ledger

Sheet number: _____

	Date	Account	Memo	Debit	Credit	Balance
1						
2						
3						
4						
5						
6						
7						
8						
9						
10						
11						
12						
13						
14						
15						
16						
17						
18						
19						
20						
21						
22						

Accounting Ledger

Sheet number: _____

	Date	Account	Memo	Debit	Credit	Balance
1						
2						
3						
4						
5						
6						
7						
8						
9						
10						
11						
12						
13						
14						
15						
16						
17						
18						
19						
20						
21						
22						

Accounting Ledger   **Sheet number:** _____

	Date	Account	Memo	Debit	Credit	Balance
1						
2						
3						
4						
5						
6						
7						
8						
9						
10						
11						
12						
13						
14						
15						
16						
17						
18						
19						
20						
21						
22						

Accounting Ledger

Sheet number: _____

	Date	Account	Memo	Debit	Credit	Balance
1						
2						
3						
4						
5						
6						
7						
8						
9						
10						
11						
12						
13						
14						
15						
16						
17						
18						
19						
20						
21						
22						

Accounting Ledger   **Sheet number:** _____

	Date	Account	Memo	Debit	Credit	Balance
1						
2						
3						
4						
5						
6						
7						
8						
9						
10						
11						
12						
13						
14						
15						
16						
17						
18						
19						
20						
21						
22						

Accounting Ledger

Sheet number: _____

	Date	Account	Memo	Debit	Credit	Balance
1						
2						
3						
4						
5						
6						
7						
8						
9						
10						
11						
12						
13						
14						
15						
16						
17						
18						
19						
20						
21						
22						

Accounting Ledger Sheet number: _____

	Date	Account	Memo	Debit	Credit	Balance
1						
2						
3						
4						
5						
6						
7						
8						
9						
10						
11						
12						
13						
14						
15						
16						
17						
18						
19						
20						
21						
22						

Accounting Ledger

Sheet number: _____

	Date	Account	Memo	Debit	Credit	Balance
1						
2						
3						
4						
5						
6						
7						
8						
9						
10						
11						
12						
13						
14						
15						
16						
17						
18						
19						
20						
21						
22						

Accounting Ledger

Sheet number: _____

	Date	Account	Memo	Debit	Credit	Balance
1						
2						
3						
4						
5						
6						
7						
8						
9						
10						
11						
12						
13						
14						
15						
16						
17						
18						
19						
20						
21						
22						

Accounting Ledger Sheet number: _____

	Date	Account	Memo	Debit	Credit	Balance
1						
2						
3						
4						
5						
6						
7						
8						
9						
10						
11						
12						
13						
14						
15						
16						
17						
18						
19						
20						
21						
22						

Accounting Ledger Sheet number: _____

	Date	Account	Memo	Debit	Credit	Balance
1						
2						
3						
4						
5						
6						
7						
8						
9						
10						
11						
12						
13						
14						
15						
16						
17						
18						
19						
20						
21						
22						

Accounting Ledger

Sheet number: _____

	Date	Account	Memo	Debit	Credit	Balance
1						
2						
3						
4						
5						
6						
7						
8						
9						
10						
11						
12						
13						
14						
15						
16						
17						
18						
19						
20						
21						
22						

Accounting Ledger Sheet number: _____

	Date	Account	Memo	Debit	Credit	Balance
1						
2						
3						
4						
5						
6						
7						
8						
9						
10						
11						
12						
13						
14						
15						
16						
17						
18						
19						
20						
21						
22						

Accounting Ledger **Sheet number: _____**

	Date	Account	Memo	Debit	Credit	Balance
1						
2						
3						
4						
5						
6						
7						
8						
9						
10						
11						
12						
13						
14						
15						
16						
17						
18						
19						
20						
21						
22						

Accounting Ledger   **Sheet number:** _____

	Date	Account	Memo	Debit	Credit	Balance
1						
2						
3						
4						
5						
6						
7						
8						
9						
10						
11						
12						
13						
14						
15						
16						
17						
18						
19						
20						
21						
22						

Accounting Ledger   **Sheet number:** _____

	Date	Account	Memo	Debit	Credit	Balance
1						
2						
3						
4						
5						
6						
7						
8						
9						
10						
11						
12						
13						
14						
15						
16						
17						
18						
19						
20						
21						
22						

Accounting Ledger

Sheet number: _____

	Date	Account	Memo	Debit	Credit	Balance
1						
2						
3						
4						
5						
6						
7						
8						
9						
10						
11						
12						
13						
14						
15						
16						
17						
18						
19						
20						
21						
22						

Accounting Ledger   **Sheet number:** _____

	Date	Account	Memo	Debit	Credit	Balance
1						
2						
3						
4						
5						
6						
7						
8						
9						
10						
11						
12						
13						
14						
15						
16						
17						
18						
19						
20						
21						
22						

Accounting Ledger Sheet number: _____

	Date	Account	Memo	Debit	Credit	Balance
1						
2						
3						
4						
5						
6						
7						
8						
9						
10						
11						
12						
13						
14						
15						
16						
17						
18						
19						
20						
21						
22						

Accounting Ledger

Sheet number: _____

	Date	Account	Memo	Debit	Credit	Balance
1						
2						
3						
4						
5						
6						
7						
8						
9						
10						
11						
12						
13						
14						
15						
16						
17						
18						
19						
20						
21						
22						

Accounting Ledger

Sheet number: _____

	Date	Account	Memo	Debit	Credit	Balance
1						
2						
3						
4						
5						
6						
7						
8						
9						
10						
11						
12						
13						
14						
15						
16						
17						
18						
19						
20						
21						
22						

Accounting Ledger   **Sheet number:** _____

	Date	Account	Memo	Debit	Credit	Balance
1						
2						
3						
4						
5						
6						
7						
8						
9						
10						
11						
12						
13						
14						
15						
16						
17						
18						
19						
20						
21						
22						

Accounting Ledger   **Sheet number:** _____

	Date	Account	Memo	Debit	Credit	Balance
1						
2						
3						
4						
5						
6						
7						
8						
9						
10						
11						
12						
13						
14						
15						
16						
17						
18						
19						
20						
21						
22						

Accounting Ledger

Sheet number: _____

	Date	Account	Memo	Debit	Credit	Balance
1						
2						
3						
4						
5						
6						
7						
8						
9						
10						
11						
12						
13						
14						
15						
16						
17						
18						
19						
20						
21						
22						

Accounting Ledger

Sheet number: _____

	Date	Account	Memo	Debit	Credit	Balance
1						
2						
3						
4						
5						
6						
7						
8						
9						
10						
11						
12						
13						
14						
15						
16						
17						
18						
19						
20						
21						
22						

Accounting Ledger

Sheet number: _____

	Date	Account	Memo	Debit	Credit	Balance
1						
2						
3						
4						
5						
6						
7						
8						
9						
10						
11						
12						
13						
14						
15						
16						
17						
18						
19						
20						
21						
22						

Accounting Ledger

Sheet number: _____

	Date	Account	Memo	Debit	Credit	Balance
1						
2						
3						
4						
5						
6						
7						
8						
9						
10						
11						
12						
13						
14						
15						
16						
17						
18						
19						
20						
21						
22						

Accounting Ledger

Sheet number: _____

	Date	Account	Memo	Debit	Credit	Balance
1						
2						
3						
4						
5						
6						
7						
8						
9						
10						
11						
12						
13						
14						
15						
16						
17						
18						
19						
20						
21						
22						

Accounting Ledger   **Sheet number:** _____

	Date	Account	Memo	Debit	Credit	Balance
1						
2						
3						
4						
5						
6						
7						
8						
9						
10						
11						
12						
13						
14						
15						
16						
17						
18						
19						
20						
21						
22						

Accounting Ledger

Sheet number: _____

	Date	Account	Memo	Debit	Credit	Balance
1						
2						
3						
4						
5						
6						
7						
8						
9						
10						
11						
12						
13						
14						
15						
16						
17						
18						
19						
20						
21						
22						

Accounting Ledger   **Sheet number:** _____

	Date	Account	Memo	Debit	Credit	Balance
1						
2						
3						
4						
5						
6						
7						
8						
9						
10						
11						
12						
13						
14						
15						
16						
17						
18						
19						
20						
21						
22						

Accounting Ledger

Sheet number: _____

	Date	Account	Memo	Debit	Credit	Balance
1						
2						
3						
4						
5						
6						
7						
8						
9						
10						
11						
12						
13						
14						
15						
16						
17						
18						
19						
20						
21						
22						

Accounting Ledger　　　　　　　　　　　　　　　　**Sheet number:** _____

	Date	Account	Memo	Debit	Credit	Balance
1						
2						
3						
4						
5						
6						
7						
8						
9						
10						
11						
12						
13						
14						
15						
16						
17						
18						
19						
20						
21						
22						

Accounting Ledger

Sheet number: _____

	Date	Account	Memo	Debit	Credit	Balance
1						
2						
3						
4						
5						
6						
7						
8						
9						
10						
11						
12						
13						
14						
15						
16						
17						
18						
19						
20						
21						
22						

Accounting Ledger Sheet number: _____

	Date	Account	Memo	Debit	Credit	Balance
1						
2						
3						
4						
5						
6						
7						
8						
9						
10						
11						
12						
13						
14						
15						
16						
17						
18						
19						
20						
21						
22						

Accounting Ledger

Sheet number: _____

	Date	Account	Memo	Debit	Credit	Balance
1						
2						
3						
4						
5						
6						
7						
8						
9						
10						
11						
12						
13						
14						
15						
16						
17						
18						
19						
20						
21						
22						

Accounting Ledger

Sheet number: _____

	Date	Account	Memo	Debit	Credit	Balance
1						
2						
3						
4						
5						
6						
7						
8						
9						
10						
11						
12						
13						
14						
15						
16						
17						
18						
19						
20						
21						
22						

Accounting Ledger

Sheet number: _____

	Date	Account	Memo	Debit	Credit	Balance
1						
2						
3						
4						
5						
6						
7						
8						
9						
10						
11						
12						
13						
14						
15						
16						
17						
18						
19						
20						
21						
22						

Accounting Ledger

Sheet number: _____

	Date	Account	Memo	Debit	Credit	Balance
1						
2						
3						
4						
5						
6						
7						
8						
9						
10						
11						
12						
13						
14						
15						
16						
17						
18						
19						
20						
21						
22						

Accounting Ledger Sheet number: _____

	Date	Account	Memo	Debit	Credit	Balance
1						
2						
3						
4						
5						
6						
7						
8						
9						
10						
11						
12						
13						
14						
15						
16						
17						
18						
19						
20						
21						
22						

Accounting Ledger   **Sheet number:** _____

	Date	Account	Memo	Debit	Credit	Balance
1						
2						
3						
4						
5						
6						
7						
8						
9						
10						
11						
12						
13						
14						
15						
16						
17						
18						
19						
20						
21						
22						

Accounting Ledger

Sheet number: _____

	Date	Account	Memo	Debit	Credit	Balance
1						
2						
3						
4						
5						
6						
7						
8						
9						
10						
11						
12						
13						
14						
15						
16						
17						
18						
19						
20						
21						
22						

Accounting Ledger   **Sheet number:** _____

	Date	Account	Memo	Debit	Credit	Balance
1						
2						
3						
4						
5						
6						
7						
8						
9						
10						
11						
12						
13						
14						
15						
16						
17						
18						
19						
20						
21						
22						

Accounting Ledger Sheet number: _____

	Date	Account	Memo	Debit	Credit	Balance
1						
2						
3						
4						
5						
6						
7						
8						
9						
10						
11						
12						
13						
14						
15						
16						
17						
18						
19						
20						
21						
22						

Accounting Ledger Sheet number: _____

	Date	Account	Memo	Debit	Credit	Balance
1						
2						
3						
4						
5						
6						
7						
8						
9						
10						
11						
12						
13						
14						
15						
16						
17						
18						
19						
20						
21						
22						

Accounting Ledger

Sheet number: _____

	Date	Account	Memo	Debit	Credit	Balance
1						
2						
3						
4						
5						
6						
7						
8						
9						
10						
11						
12						
13						
14						
15						
16						
17						
18						
19						
20						
21						
22						

Accounting Ledger   **Sheet number:** _____

	Date	Account	Memo	Debit	Credit	Balance
1						
2						
3						
4						
5						
6						
7						
8						
9						
10						
11						
12						
13						
14						
15						
16						
17						
18						
19						
20						
21						
22						

Accounting Ledger

Sheet number: _____

	Date	Account	Memo	Debit	Credit	Balance
1						
2						
3						
4						
5						
6						
7						
8						
9						
10						
11						
12						
13						
14						
15						
16						
17						
18						
19						
20						
21						
22						

Accounting Ledger

Sheet number: _____

	Date	Account	Memo	Debit	Credit	Balance
1						
2						
3						
4						
5						
6						
7						
8						
9						
10						
11						
12						
13						
14						
15						
16						
17						
18						
19						
20						
21						
22						

Accounting Ledger Sheet number: _____

	Date	Account	Memo	Debit	Credit	Balance
1						
2						
3						
4						
5						
6						
7						
8						
9						
10						
11						
12						
13						
14						
15						
16						
17						
18						
19						
20						
21						
22						

Accounting Ledger **Sheet number: _____**

	Date	Account	Memo	Debit	Credit	Balance
1						
2						
3						
4						
5						
6						
7						
8						
9						
10						
11						
12						
13						
14						
15						
16						
17						
18						
19						
20						
21						
22